AF253522

CE QUE POURRA ÊTRE

UNE RÉUNION PRÉPARATOIRE

AUX DÉLIBÉRATIONS DE L'ASSEMBLÉE CONSTITUANTE

DE FRANCE

Bruxelles. — Imprimerie de Ch. et A. VANDERAUWERA, rue de la Sablonnière, 8.

CE QUE POURRA ÊTRE

UNE RÉUNION PRÉPARATOIRE

AUX

DÉLIBÉRATIONS DE L'ASSEMBLÉE CONSTITUANTE

DE FRANCE

PAR

VICTOR CAPPELLEMANS

Bruxelles

EN VENTE CHEZ TOUS LES LIBRAIRES.

1870

INTRODUCTION

———

Le peintre qui copie un chef-d'œuvre n'a pas la prétention d'égaler l'original ; celui qui s'inspire d'un grand
écrivain ne cherche point, pour cela, à égaler le maître.
Platon nous a laissé ses immortels *Dialogues* et l'on peut
s'en souvenir sans se laisser aller à une réminiscence d'autres *Dialogues* des morts, ceux-là plus satiriques, laissés
par Lucien. Il n'est pas défendu, que je sache, de faire
parler des vivants, à la condition toutefois que l'on ait
soin de dire que l'on n'a pas sténographié leurs paroles,
et que l'on a seulement supposé qu'il ne serait pas impossible qu'ils parlassent comme on les fait parler. J'ai risqué
cet essai dans mon *compte rendu d'une séance préparatoire
aux délibérations publiques de l'Assemblée constituante
française*. Il se peut que dans la réalité il ne se dise pas
un mot de ce que j'ai supposé, — je le regretterais, —
qu'il se prononce plus d'un discours et qu'on développe
plus d'un argument dont on n'aura pas trouvé la moindre

trace dans mon travail fantaisiste ; mais je n'ai pas la prétention d'avoir tout deviné et je suis déjà bien long. J'espère que l'on ne me blâmera point d'avoir cherché à prévoir une partie de ce qui pourra se dire. Je n'ai la prétention de dicter un discours à personne et peut-être bien les futurs orateurs de la Constituante ne me liront-ils même pas. Je ne gêne point, dans tous les cas, leur initiative et il serait absurde de prétendre que je compromets leur responsabilité. — Cela dit, place à mon étude, s'il vous plaît, et daignent les lecteurs se souvenir que le divin Virgile trouvait des perles dans le fumier d'Ennius.

CE QUE POURRA ÊTRE

UNE RÉUNION PRÉPARATOIRE

AUX

DÉLIBÉRATIONS DE L'ASSEMBLÉE CONSTITUANTE

DE FRANCE

Dans une des salles de l'édifice où devront avoir lieu les séances de la Constituante un grand nombre de députés sont réunis ; des conversations animées s'engagent entre eux ; elles deviennent bientôt si bruyantes qu'elles ressemblent à un tumulte ; quelques députés alors prient trois d'entre eux de constituer un bureau et le doyen d'âge, avec les deux plus jeunes membres de la réunion, prennent place à une table.

M. LE PRÉSIDENT agite sa sonnette, le silence s'établit peu à peu. — Citoyens, dit-il, un certain nombre de nos collègues m'ont prié de vous inviter à rendre générales les conversations engagées par groupes. Il ne faut pas que les bonnes idées se perdent, que les mauvaises passent inaperçues et se propagent sans avoir été combattues. Nous nous préparons aux plus solennels débats dont la France ait été appelée à s'occuper depuis longtemps. Que cette préparation soit féconde. Tâchons d'être calme ; le calme est la garantie de la sagesse.

UN DÉPUTÉ DU NORD. — Monsieur le président, je suis l'un des membres qui vous ont engagé à occuper le fauteuil. Nous n'avons pas d'ordre du jour; mais j'ai passé tantôt par différents groupes et j'ai entendu dans presque tous que l'objet des conversations était la question de la conclusion de la paix. Je propose que la délibération soit ouverte sur cet important objet, qui doit, à mon avis, comme de l'avis de plusieurs de nos collègues, occuper l'Assemblée constituante dès que les pouvoirs de ses membres auront été vérifiés et que le bureau définitif aura été nommé.

DE DIVERS COTÉS. — Oui! c'est cela! (*Rumeurs diverses. — Le président agite sa sonnette.*)

UN DÉPUTÉ DE PARIS. — J'abonde dans le sens de l'honorable préopinant. J'estime qu'il a judicieusement indiqué... permettez-moi de continuer, vous me répondrez, si vous n'êtes pas de mon avis... J'estime qu'il a judicieusement indiqué la marche que nos travaux doivent prendre. Nous avons à accomplir deux œuvres capitales : il nous faut arriver à savoir si la paix est possible, dans quelles conditions nous pouvons la faire, ou bien si la guerre doit être malheureusement reprise. La seconde œuvre qui nous attend, c'est l'élaboration d'une Constitution.

UNE VOIX. — On pourrait décréter que celle de 1848 est remise en vigueur. (*Cris. Protestations. Adhésion. Tumulte. — Le président agite sa sonnette.*)

M. LE PRÉSIDENT. — Faites silence, citoyens. Laissez parler l'orateur. Vous lui répondrez. N'interrompez point.

LE DÉPUTÉ DE PARIS. — Ce n'est pas moi qui ai parlé de voter en bloc la Constitution de 1848. Je ne crois pas qu'elle puisse être remise en vigueur purement et simplement, sans modifications. Je vous dirais volontiers pourquoi, mais je retarde cette explication, car je veux précisément vous demander de décider que l'Assemblée ne s'occupera de la Constitution, pour être en état de procéder à cette étude, avec la maturité et avec le temps qui sont nécessaires, qu'après une résolution prise sur la question de paix ou de guerre. On ne peut pas songer à disposer l'intérieur et à régler l'économie d'une maison que l'incendie menace. Il faut aller au plus pressé. Chercher à sauver la maison, en écartant la flamme si c'est possible, en l'éteignant, ce qui vaut mieux. Je crois donc que nous devons procéder ainsi, dès que le bureau définitif sera nommé : instituer un pouvoir exécutif, responsable devant l'Assemblée, qui est responsable devant la France ; dire à ce pouvoir nommé par nous quelles sont les conditions dans lesquelles nous estimons la conclusion de la paix possible et lui donner l'ordre d'entrer en négociations avec l'ennemi sur les bases que nous lui stipulerons...

UNE VOIX. — L'indemnité de guerre ; rien de plus ! (*Applaudissements sur plusieurs bancs. Rumeurs et agitation sur d'autres.*)

UN DÉPUTÉ DU HAUT-RHIN. — Je crois qu'en effet l'honorable préopinant a raison. Nous ne pouvons pas songer à délibérer sur la loi constitutionnelle aussi longtemps que l'étranger foulera le sol de la France. Il faut que nous soyons maîtres de nous-mêmes pour disposer de nous-mêmes.

Dieu sait, si la paix n'est point faite, si le nombre de Français dont la mort aura respecté l'héroïsme sera assez grand pour qu'une Constitution soit encore nécessaire ! — Le point le plus immédiatement important est celui de savoir si la paix est possible. Il faut dire à quel prix nous pouvons la signer ; voter cela ; jurer d'être fidèles à notre vote ; mais, précisément parce que ce vote sera le *fatum* irrévocable des destinées de la France, il ne faut pas qu'il soit émis sans un examen attentif auquel chacun de nous a sans doute commencé à procéder en lui-même, mais qui ne saurait être complet et donner à la conscience nationale la garantie qu'il faut s'il n'a pas été poursuivi en commun, par nous tous, et éclairé par une discussion libre, franche et complète.

UNE VOIX. — Le gouvernement de la défense nationale a tracé le programme des conditions de la paix : pas un pouce de notre territoire, pas une pierre de nos forteresses ! (*Applaudissements et rumeurs.*)

UN VIGNERON, *député de la Gironde.* — Citoyens !... (*La voix tonnante de l'orateur excite une hilarité générale, à laquelle lui-même prend part.*)

LE VIGNERON, *député de la Gironde.* — Je crois que j'ai parlé un peu trop haut. Excusez-moi, citoyens. Pourvu que vous m'entendiez, je n'ai pas envie de crier. Je n'aime pas à faire de tapage. J'aime à causer raisonnablement. (*Rires et adhésion.*) Voilà !

C'est, vous le savez, la première fois que je suis député. Je ne suis pas très à mon aise en m'exprimant devant tant de monde ; mais en venant ici je me suis dit que j'y parlerais franchement quand je croirais avoir quelque chose de bon à dire, comme je faisais dans le conseil municipal de ma commune dont les amis m'ont décidé à devenir candidat pour aller m'asseoir parmi vous. Ils m'ont dit : Si tu leur parles avec le bon sens que nous aimons en toi, ça ne pourra faire que du bien. Ce ne sont pas les plus beaux bavards qui poussent dehors les meilleures raisons. Ont-ils eu tort de me faire envoyer ici ? Puis-je parler bonnement, comme je pense ! Ça y est-il ? (*Hilarité générale. — Oui ! oui ! parlez !*)

LE VIGNERON, *député de la Gironde.* — Eh bien ! je crois qu'il est temps de s'entendre sur ce que nous voulons faire et qu'il faut aller au plus pressé. Le plus pressé, c'est de savoir si nous nous battrons jusqu'au dernier homme et à la dernière faucille, faute de fusils et de poudre, en répondant NON aux Prussiens qui ne veulent finir la guerre que si nous cédons des départements, ou bien si nous ferons tout de suite un grand sacrifice pour avoir la paix. (*Rumeurs diverses.*)

M. LE PRÉSIDENT. — Laissez parler l'orateur, citoyens. Vous lui répondrez.

LE VIGNERON, *député de la Gironde.* — Merci, président. Oui, laissez-moi parler. Je vous écouterai après que j'aurai fini, comme vous m'aurez écouté. J'ai lu les belles dépêches de notre ministre des affaires étrangères. Je n'ai peut-être pas tout compris et je ne suis pas le seul chez nous, car M. Jules Favre est trop savant pour des gens qui passent leur vie sans avoir tant étudié que lui, mais nous avons tous bien vu où il voulait en venir et le fond de son opinion; c'est-à-dire qu'il ne faut pas, à ce qu'il pense, que la France consente à abandonner à la Prusse une partie de ses habitants et leur terre, parce que ce serait une honte de consentir à cela et que la France serait déshonorée si elle y consentait avant d'avoir tout fait pour l'empêcher. (*De divers côtés : Oui! c'est cela.*)

J'ai donc bien compris l'essentiel. Eh bien! franchement, moi je crois que M. Jules Favre s'est trompé. (*Réclamations. Long tumulte.*)

VOIX DIVERSES. — Assez! — Vous n'êtes pas Français! — Il n'y entend rien!

LE VIGNERON, *député de la Gironde.* — Je suis aussi bon Français que pas un de vous et si, pour sauver l'Alsace et la Lorraine, il suffisait qu'un homme souffrît le martyre de Notre Seigneur Jésus-Christ, je demanderais à genoux d'être choisi, quoique j'aie ma vieille mère, ma jeune femme et quatre enfants qui ne vivent que de moi et qui ont bien pleuré quand je suis parti pour venir ici.

UNE VOIX. — C'est le paysan du Danube!

LE VIGNERON, *député de la Gironde.* — Pas d'injure, messieurs! (*Rires.*)

UNE AUTRE VOIX. — Ce n'est pas une injure ; c'est un compliment !

LE VIGNERON, *député de la Gironde.* — Pas de compliments non plus. Je fais mon devoir comme je peux, mais si vous en faites tous autant, nous entendrons de beaux discours après ce que je vous dis — et nous verrons qui se trompe et ceux-là qui seront les plus nombreux dans leur opinion feront la loi. Je vous donne ma parole d'honneur dès à présent que je m'y soumettrai. Seulement, aucune décision n'étant prise encore, laissez-moi parler, sans crier, comme j'ai fait tantôt. Je ne crierai que si c'est nécessaire et alors, comme au village, il faudrait bien qu'on m'entende, car c'est solide ceci. (*Il se frappe la poitrine. — Sourires et chuchotements très-bienveillants d'ailleurs.*)

Savez-vous comment je la considère, moi, cette question de la cession d'une partie du territoire français? J'ai bien des fois pleuré en y songeant; mais il faut être un homme. Les larmes ça ne sert à obtenir quelque chose que quand ce sont les femmes ou les enfants qui les répandent. Je me suis dit: Voyons, il faut réfléchir à ça ; si c'est si monstrueux, comment se peut-il qu'on nous le demande? Je vous ai dit que je ne suis pas un savant, mais enfin je n'ignore pas tout. Mon père et mes livres m'ont raconté qu'il y a eu déjà des changements de la frontière de la France, tantôt pour agrandir le pays, quelquefois pour diminuer le territoire. C'est arrivé à d'autres pays qu'à la France, et cependant, s'il y a dans le monde des pays que nous n'aimons pas, il n'y en a pas que nous méprisions et après 1814 et 1815 nous n'avons pas fait en Europe la mine d'une nation déshonorée. On estimait, on respectait la France et même on la craignait bien un peu, puisque la Prusse n'a fait la méchante avec nous qu'après avoir fait des alliances avec tous les Allemands.

Il n'y en a certainement pas un parmi vous qui dira qué ça n'est pas vrai. Quant à moi, si j'étais la Prusse, je ne demanderais pas un pouce de terrain à la France, mais chacun a son idée. Tenez, laissez-moi vous dire. Je vous parle comme un paysan, mais il y a gros de paysans qui pensent comme moi et je ne serais pas étonné qu'il y ait aussi beaucoup de citadins qui pensent de même.

UNE VOIX IMPATIENTE. — Parlez pour vous.

LE VIGNERON *de la Gironde.* — Je parle pour moi et je parle au nom de mes électeurs. Je parle au nom de la France, car chacun de nous ici représente pour sa part la France tout entière. (*Applaudissements.*)

Voici ce que j'allais dire. Nous autres paysans, quand nous avons un différend, il nous arrive de ne pas aller le soumettre aux juges. La tête est près du bonnet et les poings ne sont pas loin. Quand nous ne parvenons pas à nous entendre, nous nous conduisons exactement comme de grandes nations ; nos armements sont bien vite terminés ; nous jetons notre veste et nous nous prenons à bras le corps. Ça m'est arrivé à moi à propos de dix pieds de ceps de vigne. Je suis solide ; mon adversaire l'était plus que moi. J'ai reçu une râclée. (*Hilarité générale.*) Oui, j'ai reçu une râclée complète. J'étais par terre. On nous criait assez ! assez ! Je sentais bien que je ne me débarrasserais pas de celui qui m'étouffait. Je cessai de résister. Il se releva et me tendit la main. Nous causâmes et au bout de cinq minutes nous étions d'accord et nous nous disions, en nous embrassant : « C'était bien la peine de nous battre ! » Les ceps de vigne me restèrent ; je voulais les partager ; mon ami ne voulut pas. Car c'est mon ami aujourd'hui. Nous ne le serions certainement pas restés s'il ne m'avait rien laissé de mes ceps, mais s'il me les avait pris, certainement je ne me serais pas tenu pour déshonoré parce que j'aurais été vaincu dans notre lutte et parce qu'il m'aurait pris de force ce que je n'avais pas su mieux défendre.

UNE VOIX. — C'est un apologue.

LE VIGNERON *de la Gironde*. — C'est la vérité pure. Mais je n'ai pas fini. Je dis qu'il n'y a pas de déshonneur à être vaincu ; les gloires de la France sont assez nombreuses et assez grandes pour qu'elle se console de ne les avoir pas augmentées. Et quant aux conditions de paix de la Prusse, qui sont que nous lui cédions une partie du territoire français qui a été victorieusement occupé par ses armées, elles me font saigner le cœur, je vous l'ai dit,... mais je les comprends et, quant à moi, je les accepte.

(Une grande agitation s'empare de l'assemblée ; on adresse à l'orateur, au milieu du bruit, des apostrophes véhémentes. Lui, le front caché dans ses mains, demeure immobile. Quand il découvre son visage on le voit ruisselant de larmes. Le président agite sa sonnette. Le silence est long à se rétablir.)

M. LE PRÉSIDENT. — Citoyens, n'oubliez pas que nous nous préparons à une discussion si solennelle qu'elle marquera dans les annales de l'histoire aux pages les plus lues, que nos contemporains auront les yeux sur nous et que l'un des exemples les meilleurs que nous puissions donner au présent et léguer à l'avenir, c'est le respect de la liberté de la tribune. Écoutons donc avec patience, quelles que soient nos impressions. Mon honoré collègue, la parole vous est maintenue. Achevez :

LE VIGNERON, *député de la Gironde*. — Merci, car je n'ai pas fini encore. Ah ! mes bons collègues, je l'avais bien prévu que je vous ferais bondir. Vous m'auriez battu que je ne m'en serais pas offensé. Le sentiment qui vous anime est, après l'amour du bon Dieu, le plus noble et le plus saint. La patrie : ça passe avant le père et la mère, avant toutes les tendresses, avant nous-mêmes. S'il ne s'agissait que de mourir, nous irions tous à la mort le cœur léger...

UNE VOIX. — A la bonne heure! voilà le mot bien placé!

LE VIGNERON, *député de la Gironde.* — Malheureusement ça ne servirait à rien de mourir. Tenez, qu'un général se lève et dise : Sur mon honneur et ma conscience, la France en continuant la résistance peut chasser l'ennemi au delà des frontières! et je me tais et je vais prendre mon fusil! (*Un grand silence se produit.*) Personne ne peut donner cette garantie. Nous sommes vaincus, nous continuerions à l'être, nous sommes condamnés à subir jusqu'au bout la peine de cette maudite déclaration de guerre faite par des insensés infâmes qui pour sauver une dynastie n'ont pas hésité à pousser la France à l'abîme. Maudits soient-ils, oui maudits! mais leur malédiction à eux n'est pas, hélas! notre salut à nous!

L'Allemagne nous sait vaincus, mais cela ne lui suffit pas. Elle craint, en nous lâchant, nos revanches et, sur Dieu, elle a raison de craindre. (*Applaudissements.*)

Elle nous connaît bien; les Français ne sont pas dressés à la défaite. (*Nouveaux applaudissements.*) Avec leur *Pater* nos enfants apprendront qu'ils ont à venger le pays, si nous ne le vengeons pas nous-mêmes. (*Applaudissements.*)

Pardon, messieurs, citoyens, je m'égare. Ce n'est pas du tout ce que je voulais vous dire. (*Rumeurs diverses.*) De grâce, laissez-moi continuer.

Ce n'est pas de vengeance que je voulais vous parler. Je voulais examiner ce qu'il faut penser des conditions de paix dont M. de Bismark a arrêté le programme, et c'est de tout autre chose que de vengeance qu'il s'agit. Mon cœur a éclaté. Il faut pourtant que ma raison ait raison. Laissez-moi vous communiquer ce qu'elle me dit, cette raison. Excusez-moi de ne pas faire un discours comme il faudrait, je ne sais pas ; si quelqu'un ici est de mon opinion, il la défendra mieux que moi après. Je me comprends bien ; mais vous ne me comprenez peut-être pas. C'est égal ; il faut faire son devoir et dire sa pensée. Écoutez-moi donc.

Soyons francs ! quand nous avons déclaré la guerre à la Prusse, j'y ai applaudi, car la Prusse, nous avait-on dit, avait été insolente envers nous et ne prétendait à rien moins qu'à régner en Espagne. Il y en a eu parmi vous qui ont désapprouvé cette guerre, moi je l'ai acclamée ; je n'étais pas seul chez nous, et toute la France a fait comme nous. Ceux qui l'ont blâmée étaient en petit nombre et ne le disaient pas tous bien haut, car il ne faisait pas sain de la désapprouver. Nous étions montés, quoi ! Quand nous avons vu partir les soldats, nous leur avons demandé, nous étions enivrés de confiance, de nous rapporter quelque chose de Berlin. On avait beau nous dire qu'ils allaient avoir affaire avec une armée digne de lutter contre eux et que la guerre serait longue et difficile ; nous étions persuadés, nous autres, que les Prussiens n'étaient pas pour nous des ennemis sérieux. C'était un préjugé, mais il était général. Nous n'étions pas seulement sûrs d'aller à Berlin, mais nous étions certains que nous allions rendre à la France les territoires perdus depuis 1814. Personne de vous ne dira que ça n'est pas vrai. Cela était le sentiment de la France ! (*Protestations et rumeurs.*) Soit ! à vous qui réclamez ce n'était pas votre avis ; mais vous étiez dans la toute petite minorité, c'était l'avis de la France. — Celui-là qui aurait osé dire qu'il ne fallait pas prendre et garder notre Rhin aurait été bafoué comme un mauvais Français. (*Nouvelles rumeurs.*) Vous pourrez me faire taire, mais vous ne ferez pas que ce que j'ai dit ne soit pas vrai. J'écris mal ; mais si vous m'empêchez de parler à la séance publique, j'écrirai ! Laissez-moi aller jusqu'au bout, puisque nous sommes entre nous. Nous verrons après s'il ne faudra pas tout dire en public. (*Très-bien! très-bien cela! Rumeurs diverses.*)

Je dis, citoyens et messieurs, que nous avons fait la guerre pour diminuer la Prusse et pour empêcher l'unité de l'Allemagne; car nous avons bien vu depuis que le prétexte de la candidature en Espagne n'était pas sérieux et que le roi de Prusse n'avait pas songé à injurier la France en malmenant M. Benedetti. On avait arrangé tout cela pour nous monter vite et facilement la tête, et on a réussi; mais lorsque nous sommes allés en guerre, personne ne voulait se borner à une simple râclée, — pardon, je voulais dire, à une simple bataille. On n'avait pas affiché que nous allions à Berlin pour prendre le Rhin, mais ça n'était un secret pour personne.

Nous n'avons pas réussi. C'est tout le contraire qui est arrivé. Ce que nous aurions fait aux autres, on le veut faire à nous-mêmes.

UNE VOIX. — *Patere legem quam ipse fecisti!*

LE VIGNERON, *député de la Gironde.*—Pardon! quand le curé parle latin au prône, il explique ce que son latin veut dire.

L'INTERRUPTEUR. — Celui-ci signifie que selon vous, « il faut subir la loi que l'on a faite soi-même. »

LE VIGNERON, *député de la Gironde.* — Ce n'est pas tout à fait cela. Je dis que l'on ne peut pas trouver mauvais que l'on vous applique la loi que vous auriez voulu appliquer aux autres.

L'INTERRUPTEUR. — Nous sommes d'accord.

LE VIGNERON, *député de la Gironde.* — Je souhaite que nous restions d'accord jusqu'à la fin. — Je dis que si nous avions été à Berlin, nous aurions gardé le pays du Rhin. Il y aurait eu peut-être des hommes qui n'auraient pas voulu cela chez nous : ceux-là qui le 15 juillet ont voté contre la guerre et que nous admirons aujourd'hui autant que nous les avons soupçonnés et maudits ce jour-là dans notre enthousiasme guerrier et notre susceptibilité irritée ; mais ces hommes-là n'auraient pas été plus écoutés pendant la victoire qu'ils ne l'ont été au début de la guerre, et si le gouvernement avait voulu faire rentrer les troupes d'Allemagne dans nos frontières anciennes, dans celles que nous avions le 15 juillet, — comme le feu prend aux poudres, l'indignation aurait saisi la France et la révolution aurait renversé un gouvernement assez lâche pour ne pas garder ce que notre armée aurait conquis. (*Rumeurs.*) Oh! ne protestez point. Il en aurait été ainsi, vous le savez bien! il faut être franc. Si nous avions été vainqueurs, nous aurions gardé le Rhin et nous aurions disloqué la Prusse. Nous aurions cassé la Confédération de l'Allemagne du Nord et nous aurions vu cet événement singulier qu'un Napoléon avec l'approbation de la France aurait restauré l'Allemagne de 1815 devant la France agrandie. (*Rumeurs.*) Il y en a plus d'un parmi vous qui ne l'aurait pas voulu, soit ! et je le crois volontiers ; mais que celui-là se lève qui oserait affirmer qu'il l'aurait empêché.

Nous avons été vaincus et les Prussiens enserrent Paris. Ils ne nous disent pas qu'ils trouvent la France trop grande ; ils n'ont pas la prétention de nous disloquer, mais ils prétendent que nous ne sommes pas à ce point battus qu'ils n'aient plus rien à redouter de nous. Ils veulent en France établir un rempart devant l'Allemagne, et pour atteindre leur but, ils veulent nous prendre deux provinces. On les accuse de vouloir nous déshonorer, ils affirment le contraire. Est-ce que je ne serai pas d'accord avec eux et avec vous si je dis qu'il nous veulent ainsi beaucoup de mal, mais que leur défiance nous fait, en somme, beaucoup d'honneur? Ce n'est pas leur intention de nous faire honneur, et s'ils l'ont, c'est une intention dont certainement nous ne sommes ni fiers, ni reconnaissants ; mais quand on a été victorieux comme les Allemands et que l'on croit encore avoir besoin de se rendre plus forts pour avoir une garantie certaine contre la nation que l'on a combattue, en vérité, c'est que l'on a une haute idée de son patriotisme, de sa vaillance et de ses ressources. — Ils ne nous font pas de compliments, il est vrai ; puisqu'ils nous considèrent comme une nation qui a la fièvre des batailles avec des intermittences, qui a la folie de la guerre avec des intervalles lucides. C'est là-dessus qu'il faudrait les détromper.

Pour les détromper, M. Jules Favre, à côté de qui je ne suis qu'un paysan grossier, et qui en sait plus long dans son petit doigt que moi dans tout mon corps, M. Jules Favre s'y est mal pris. Pardon de dire cela brutalement, mais, voyez-vous, c'est que ça me brûle la conscience, cette vérité-là. D'ailleurs, encore une fois, si je me trompe, on me le prouvera. D'après moi, et bien d'autres que j'ai entendus, il ne fallait pas parler à la Prusse de notre honneur ; ça nous regarde et ça ne la regarde pas. Il fallait lui parler de ses intérêts et des nôtres et examiner si le meilleur moyen d'établir une paix durable et sûre ne serait pas, après nous avoir fait payer les pots cassés. (*Hilarité générale.*) Pardon de l'expression, mais ça m'est venu comme ça... Je dis qu'il aurait fallu examiner si le meilleur moyen d'arriver à une bonne paix, bien solide, ne serait pas, après nous...

Une voix. — Nous avoir fait payer les frais de la guerre !

Le vigneron, *député de la Gironde (reprenant)*... après nous avoir fait payer les frais de la guerre, si le meilleur moyen d'arriver à la vraie paix pour longtemps, pour toujours, ne serait pas de satisfaire ses intérêts et ses besoins en même temps que les nôtres, de laisser les Français, Français et les Allemands, Allemands, sans arracher un membre à notre pauvre pays après l'avoir ruiné et battu ! Il fallait leur dire qu'une forteresse, deux forteresses, plusieurs forteresses, ça peut avoir une certaine utilité, mais qu'ils viennent de faire à notre détriment l'expérience que ce n'est pas là une protection infaillible; qu'une forteresse attaquée par l'ennemi n'est pas inexpugnable et que sa force de défense est beaucoup affaiblie si pendant que l'ennemi l'attaque la guerre civile est dedans, ce qui serait le cas de l'Alsace et de la Lorraine si elles étaient au pouvoir des Allemands et que la paix fût rompue avec la France. La guerre dedans et la guerre dehors, mais c'est horrible! Voilà ce qu'il fallait dire à la Prusse. Il fallait lui dire encore que si nous sommes en délire quand l'ivresse de la guerre nous prend, ce n'est pas la perte de deux provinces qui pourrait contenir cette ivresse; que si nous sommes un jour assez fous pour recommencer la guerre, nous la ferons aux Prussiens à Metz et à Strasbourg, comme nous l'avons faite aux Prussiens que nous voulions aller chercher derrière le Rhin... Mais non! ce n'est pas à la guerre qu'il faut songer quand on fait la paix. La paix n'est pas bonne parce que l'on se fortifie, elle est bonne quand les deux contractants veulent la maintenir et qu'ils ont intérêt à ne pas la rompre. Il fallait donc dire encore à la Prusse, à l'Allemagne, et il fallait le leur dire le lendemain de Sedan, sans perdre une heure, alors qu'elles venaient de faire prisonnier l'auteur exécré de tous nos maux, il fallait leur dire: Assez de sang! La France a été trompée, la France reconnaît son erreur. On lui a dit qu'elle avait été outragée, elle ne l'était pas; on lui a dit que son armée était prête, elle ne l'était pas; on lui a dit qu'il fallait châtier le roi de Prusse, et c'est à l'Allemagne que l'on s'est attaqué; assez de mensonges, de confusions, de cruautés inutiles, de haines égarées, cette lutte est criminelle; assez, arrêtons-nous; faites vos conditions de paix, puisque c'est la France qui a déclaré la guerre, puisque le sort des armes lui est contraire, puisque l'armée du Rhin est prisonnière à Sedan et retenue captive dans Metz ; à vous de faire vos conditions, car si nous sommes capables de continuer la lutte avec quelque chance peut-être d'une bonne journée, la fin de cette lutte, nous le voyons bien, nous sera fatale. Nous nous y épuiserons et vous ne nous ferez pas alors des conditions meilleures qu'aujourd'hui. La France éclairée confesse la France abusée et prend le monde à témoin qu'elle vous le déclare. Le gouvernement coupable est tombé. La république, c'est-à-dire la nation se gouvernant elle-même, est seule debout. Donnez-nous un armistice qui permette à la France de se recueillir, de se consulter, de choisir ses mandataires et laissez-lui, par l'organe d'une Assemblée nationale, vous parler et s'entendre avec vous, faire la paix, si vous le voulez, sans plus de honte pour nous, ordonner la continuation de la guerre si votre orgueil de vainqueur veut nous voir à vos pieds anéantis sous un opprobre ! — Voilà ce qu'il fallait dire tout de suite. On ne l'a pas fait, on a perdu du temps, on s'est égaré dans des susceptibilités dangereuses et inutiles. Enfin pourtant nous voilà réunis, la France délibère... parlons aujourd'hui comme nous aurions dû parler le lendemain de Sedan ! (*Mouvements divers. Vive agitation.*)

Je vais entendre d'autres opinions ; si je persiste dans la mienne, je vous soumettrai ma proposition, tout seul si on ne veut pas la signer avec moi, je vous la présenterai avec d'autres collègues s'ils acceptent mes idées et si l'un d'eux, meilleur que moi, veut les rédiger mieux que je ne saurais les écrire. (*Nouvelle agitation.*)

UN PROPRIÉTAIRE, *député du Morbihan.* — L'honorable préopinant ne pourrait-il pas nous dire tout au moins le sens de la Déclaration dont il annonce devoir faire la proposition ?

LE VIGNERON, *député de la Gironde*. — Pas maintenant ; je vous en prie, laissez continuer la discussion, puisque nous sommes ici, non pas pour prendre des résolutions, mais pour nous préparer à les voter.

UN AVOCAT, *député de Paris*. — Citoyens, je n'ai pas mission de défendre la conduite de mon honorable ami M. Jules Favre, que ses devoirs retiennent loin de nous, mais qui dans la discussion publique viendra lui-même, s'il en est besoin, justifier cette conduite et recevoir, j'en suis certain, de vous tous, la récompense qu'il a méritée en vous entendant décréter qu'il a bien mérité de la patrie. (*Bruyants applaudissements.*)

UNE VOIX. — C'est un hommage qui sera rendu à tous les membres du gouvernement de la Défense nationale. (*Nouveaux et énergiques applaudissements.*)

L'AVOCAT, *député de Paris*. — Le discours profondément convaincu, je le reconnais, que vous venez d'entendre, sans qu'il vous ait été donné d'en connaître encore la conclusion, me semble incliner vers une résignation déshonorante (*rumeurs*), oui déshonorante ! aux exigences de la Prusse que M. de Bismark a fait connaître — sans avoir la franchise de dévoiler les intentions qui le guidaient ; qu'il a fait connaître en les donnant hypocritement, lorsque la Prusse tenait la France haletante et écrasée sous la puissance de l'effort de la coalition allemande, comme une indispensable nécessité de la défense de l'Allemagne craintive et méfiante comme pourraient l'être devant nous la Belgique ou la Suisse. (*Rumeurs. Adhésions et protestations.*)

Les véritables intentions de la Prusse, l'honorable vice-président de la Défense nationale les a vues clairement, et dans son indignation généreuse il les a dénoncées à son pays et à l'univers civilisé. Ce qu'il faut à l'orgueil conquérant de la Prusse, c'est la France amoindrie, la France réduite à l'état de puissance de second ordre. Que ceux qui acceptent cela blâment l'honorable M. Jules Favre et le gouvernement de la Défense nationale; mais quiconque sent battre dans sa poitrine un cœur français proteste et s'écrie, avec le citoyen dévoué dont les larmes coulèrent à Ferrières, arrachées par la révolte d'une âme fière sous l'outrage immérité : « Non! non! plutôt mourir! » (*Applaudissements et rumeurs.*)

Jusqu'à son dernier homme la France luttera contre cette flétrissure, et si le malheur implacable poursuit sur elle le châtiment d'un pouvoir qui l'a précipitée vers l'abîme, c'est à des vieillards, à des enfants et à des femmes que la Prusse, enivrée de sang et repue de carnage, imposera la honte de ses mutilations. Elle n'aura plus alors devant elle la France diminuée : la France pour longtemps aura disparu et l'Allemagne pourra jouir, jusqu'au jour — où les générations grandies et fortifiées prendront, avec l'Europe régénérée par les révolutions salutaires, la revanche du droit et de la justice contre le crime audacieusement commis — de l'égorgement d'une nation. (*Rumeurs et applaudissements. Longue agitation.*)

UN AUTRE DÉPUTÉ DE PARIS. — Citoyens, c'est un douloureux spectacle que nous offrirons au monde, si nos délibérations publiques sont la reproduction de ce qui ne devrait être entre nous qu'un entretien. Je voudrais, quant à moi, que nous pussions arriver tous aux solennels débats qui sont prochains avec une dignité calme qui répondît à la grandeur de la situation suprême où nous sommes ; que nous délibérions, non point avec l'emportement passionné d'avocats plus ou moins éloquents qui défendent une cause de l'excellence de laquelle ils ne doutent point, mais comme des juges qui ont déjà mûrement examiné les questions qui leur sont soumises et dont l'arrêt a été préparé, avant la dernière discussion,

par une étude patiente et complète de tous les arguments
que l'on peut faire valoir dans une cause où la fortune du
pays, son honneur, son présent et son avenir sont engagés.
Vous avez entendu deux orateurs dont les tendances sont diverses; l'un et l'autre m'ont ému et troublé; mais rentrant
dans la sérénité de ma conscience, je voudrais maintenant
vous dire ce que je pense de l'un et de l'autre, ou plutôt vous
exposer, en comprimant de mon mieux les sentiments et les
passions qui troublent et déchirent mon âme, ce que me
dicte l'inspiration que je crois descendue de la raison, de la
justice et du devoir.

L'honneur de la France, dirai-je, n'est pas attaché à telle
ou telle frontière. Ce n'est pas à l'étendue du territoire que
se mesure la grandeur d'une nation. L'Alsace et la Lorraine
sont occupées par l'ennemi, contre notre volonté, certes; si
elles ne sont pas rendues à leur situation ancienne, ce sera
certainement encore contre notre volonté et notre désir.
L'occupation ne nous déshonore pas; la perte de nos chères
provinces nous affligera, nous blessera, nous remplira l'âme
d'amertume et de colère, mais elle ne nous déshonorera
point. *Sic volvera fata.* Si c'est le destin, qu'il s'accomplisse.
Le sang que nous pourrons verser encore ne fertilisera
point les sentiments généreux de notre ennemi et n'augmen-
tera point notre force. L'Alsace et la Lorraine nous pardon-
nent de n'avoir pu les sauver. Hélas! elles ont été les
complices de l'aveuglement de toute la France dans la
déclaration de guerre dont notre chère patrie porte la peine.
Elles sont tellement françaises qu'elles étaient les plus
ardentes à souhaiter qu'une nouvelle frontière de la France
les éloignât de l'Allemagne. Elles auraient été les premières
au bonheur de la victoire, elles sont les premières au malheur de la défaite. Leur honneur, comme le nôtre, quoi qu'il
advienne, sera sauf. Cet honneur, s'il fut jamais compromis,

le fut le jour où le pouvoir d'un homme s'empara de la France, en fit par la ruse et la violence son esclave obéissante et la traîna de faute en faute, de hontes en abaissements, jusqu'au jour où cette domination, qui se sentait crouler devant le réveil du besoin de liberté et devant l'initiative de la revendication nationale, jeta la France dans la folle et sinistre aventure de la lutte dont nous sommes demeurés les victimes, tandis que, dans sa splendeur souveraine, le grand coupable, entouré de sa cour, nous plaint de loin et se demande s'il ne lui faut pas chercher un climat plus doux que celui du royal séjour où il abrite une vie qui pourrait finir sous le ciel clément de la France si le repentir sincère du coupable demandait l'expiation, car le pardon est impossible, à la solitude modeste d'une petite ville de notre bienfaisant Midi. Les jours de splendeur de ce régime, voilà notre honte; les conditions de paix dont on nous menace sont peut-être notre châtiment, mais elles ne peuvent pas entraîner notre déshonneur. (*Grande agitation.*)

Nul de vous, je pense, ne doute du profond respect et de l'estime qui accompagnent mon amitié pour mes collègues du gouvernement de la Défense nationale et vous connaissez assez mon dévouement à mes convictions pour ne point douter d'autre part que je ne les ai point abandonnées quand l'heure est venue où je ne me suis pas trouvé d'accord avec ces honorables collègues; mais le jour où ils ont estimé qu'une cession territoriale était pour la France un déshonneur, je me suis tu, car une division parmi nous c'était la discorde dans le pays et avant tout il fallait, pour l'honneur de la France, que l'union fût maintenue jusqu'au jour où la France consultée ordonnerait à ses mandataires de parler librement pour manifester ensuite sa décision souveraine, expression du vote de la majorité de ses représentants. Ce jour est venu. Je puis donc avouer que je n'étais point d'accord avec M. Jules Favre et que comme j'ai commencé à vous l'expliquer, chers concitoyens, je ne suis point d'avis que l'honneur nous oblige à pousser jusqu'au suicide. (*Rumeurs.*)

Oui, jusqu'au suicide ; car c'est le suicide que cette lutte désespérée si elle doit être reprise dans la situation respective que l'impéritie du gouvernement déchu a faite à la France, dans la situation qu'un indéniable génie d'organisation et de prévoyance a faite à nos adversaires.

Ah ! pourquoi faut-il que cela ait été dit qu'une cession de territoire était un déshonneur ? Un malheur, oui, la suite de traditions mauvaises, oui, un mauvais moyen de rendre une paix durable, oui, mais un déshonneur, citoyens, jamais ! (*Rumeurs et bruits divers.*)

En vérité, nous avons eu tort de protester au nom de notre honneur ; c'est un argument dont la propagande est trop facile et dangereuse en France ; c'est parce que l'on avait invoqué l'honneur de la France que la guerre est sortie tout à coup, populaire, de l'âme de la nation livrée avec amour à la paix de ses préférences ; faudra-t-il qu'aujourd'hui la paix demeure distante encore et que la France sacrifie ce qui reste du meilleur de son sang, parce qu'une fois encore l'honneur est invoqué ?

Non, pas plus aujourd'hui qu'au début de la guerre l'honneur n'est en cause !

Une voix du camp ennemi vous l'a déjà dit et je le répète en l'affirmant aussi, car la vérité est une et ne cesse pas d'être la vérité parce qu'elle est dans la bouche d'un adversaire. Les concessions territoriales n'ont jamais déshonoré ; pas plus qu'une blessure ne déshonore. Vouliez-vous déshonorer l'Italie quand vous lui avez demandé la Savoie et Nice pour prix de vos services ? Certes, non, puisque vous les demandiez à un peuple qui venait d'être votre frère d'armes et dont le cœur saignait à la pensée du sacrifice de ses enfants qui tendaient vers lui leurs mains suppliantes avec des cris de tendresse et de désespoir.

UN ANCIEN MEMBRE DE LA DROITE. — On a consulté les populations ! (*Rumeurs violentes.*)

LE DÉPUTÉ DE PARIS, *membre du gouvernement de la Défense nationale.* — Oh ! monsieur, pour l'honneur de la France ne répétez pas cela en séance publique ! (*Applaudissements.*) Ne répétez pas cela dans un pays qui n'a jamais demandé cette annexion et qui ne l'a approuvée que par la fiction légale de l'adhésion d'un Sénat qui était l'instrument servile du maître qui en nommait les membres. La France n'a jamais demandé ni approuvé l'annexion de la Savoie et de Nice. Proclamons-le bien haut si nous pouvons être entendus de ce brave et glorieux soldat de l'indépendance qui est à la tête de nos volontaires, et qui ne serait pas venu offrir à la France le sang de sa vieillesse et le dévouement de ses derniers jours, s'il avait pu penser que la France a été la complice de l'annexion de Nice, contre laquelle il a protesté et à laquelle il ne s'est peut-être pas résigné encore.

Dieu nous garde, citoyens, de voir la Prusse suivre pour l'Alsace et la Lorraine l'exemple que notre pauvre France du 2 Décembre a laissé donner à Nice ! Dieu nous garde de voir nos populations consultées ainsi, sous la protection des baïonnettes ennemies et après que notre gouvernement aurait résolu leur abandon à la Prusse. Car, ne l'oubliez point, quand on consulta les Niçois, le traité de Turin était signé, l'Italie les avait livrés et l'armée française était à Nice. Détournons nos regards de ce souvenir et puisse le monde civilisé nous permettre de l'oublier, si Nice s'est résigné aujourd'hui et si elle est devenue heureuse d'être française ! C'est de nous qu'il dépend qu'elle s'en montre heureuse, mais cela nous coûtera, citoyens, bien des gâteries, passez-moi l'expression, car elle peint simplement ce qu'il est de notre devoir de faire pour cet enfant que nous avons arraché à sa mère, en lui disant, malgré ses larmes et ses cris : « C'est avec moi que tu veux venir, n'est-ce pas? » (*Mouvement. Longue agitation.*)

La France et l'Europe ont-elles voulu déshonorer la Russie quand fut inscrite dans le traité de Paris du 30 mars 1856 la rectification de la frontière de Bessarabie? Est-ce que la Prusse a voulu déshonorer après la guerre de 1866 la Hesse grand-ducale, son alliée d'aujourd'hui, en réclamant la Hesse-Hombourg, qui devait lui appartenir? Est-ce que l'infortuné Danemark, à qui notre défaite a coûté tant d'espoirs caressés, a été déshonoré parce que l'Autriche et la Prusse lui ont arraché une partie de son domaine national? Est-ce qu'enfin, citoyens, l'expiation de 1815, par laquelle l'Europe s'est vengée d'un règne, dont nous subissons aujourd'hui encore la peine, nous a déshonorés et n'avons-nous pas vu la France puissante, glorieuse, admirée, enviée, après l'exécution de ce traité de Vienne qui avait diminué son territoire acquis et l'avait resserrée dans des frontières plus étroites?

Non, l'honneur de la France n'est pas où on l'a mis et j'approuve de toute l'énergie de ma conviction l'opinion développée par mon honorable et loyal collègue du département de la Gironde, qui a laissé déborder tout son cœur devant nous. (*Applaudissements.*)

Sortons, il en est grand temps, citoyens, des confusions, des méprises et des illusions. N'allons pas plus loin, sans savoir où nous allons dans la voie des fatales aventures. N'oublions pas que les victoires de l'ennemi, organisé contre la France vaillante mais en désarroi, peuvent augmenter ses exigences. On me répondra, peut-être, que si la Prusse arrive à se sentir si forte qu'elle se persuade qu'elle n'a pas à nous redouter, elle comprendra l'inutilité des garanties

qu'elle a réclamées par l'organe de M. de Bismark à Ferrières. Je vous prierai de remarquer que dès aujourd'hui la
Prusse a la conviction qu'elle est la plus forte et qu'elle est
persuadée que la guerre éclatant elle nous vaincrait toujours. Elle n'attend plus de nouvelles victoires pour croire
cela. Ce qui l'inquiète, c'est de ne pas avoir la preuve que
nous nous sentons vaincus; ce qui lui paraît rendre indispensable d'avoir entre sa frontière actuelle et la frontière de
France un boulevard fortifié formidablement, c'est qu'elle
redoute nos vengeances et qu'elle se défie de cette généro-
sité française si facile à toucher, de cette vaillance si
prompte de notre race, de nos promptes susceptibilités, de
notre ardeur et des colères vengeresses de nos défaites
actuelles dont la moindre étincelle produira l'explosion.
Hélas, et grâce au ciel, car ma douleur est mêlée de joie, la
France n'est point telle que la Prusse la voit. Non, la France
n'est pas comme une ivrogne guerrière que l'aspect d'un
canon (*on rit*) et l'odeur de la poudre mettent subitement en
appétit de combat. La France est brave et c'est une nation
militaire; mais si nous n'avions pas eu à subir pendant vingt
années un régime qui s'est plu à cultiver et à flatter l'in-
stinct de notre vieille race gauloise, nous serions devenus
une nation bien différente de celle que la triste leçon de
1870 a frappée. Sous la royauté de juillet, sous la république de 1848, il est vrai que par instants notre fibre guerrière a tressailli, mais comme nous avons su comprimer ses
mouvements! Il fallait l'empire, cette succession bâtarde
d'un règne exceptionnel tout rempli de gloires et de malheurs pour nous jeter en Crimée tour à tour et en Italie,
puis en Chine, puis au Mexique, puis enfin dans cet abîme!

Nous nous sommes laissé faire et c'est pour cela que l'Allemagne se défie de nous. Elle craint qu'un gouvernement
ne fasse de nous encore ce qu'il voudra et, l'histoire en

mains, elle dit : « Je juge de ce qu'ils seront par ce qu'ils
» ont été. » Eh bien, non, cela ne sera pas vrai. Non, nous ne
sommes pas condamnés par une destinée implacable à mar-
cher toujours dans les mêmes voies et à nous mouvoir dans
le même cercle. La France de l'avenir, Dieu aidant, ne res-
semblera pas plus à la France dont le coup d'État fit vingt
ans ce qu'il voulut, que l'Allemagne constituée ne ressem-
blera à la Prusse du grand électeur de Brandebourg. On a
parlé de la haine traditionnelle de la France pour la Prusse ;
il y a quelque chose de vrai dans ce que l'on a dit ; seulement on a oublié que dans ce drame, — dont Dieu permette
que le dénoûment soit prochain, — la Prusse a disparu. Elle
est morte de sa belle mort pour réapparaître transfigurée,
et c'est l'Allemagne qui rayonne et qui vit, confondant en
elle tous ces États rivaux ou ennemis d'hier, ne formant
plus qu'un corps dont la tête rappelle la Prusse incarnée
dans cet organisme nouveau ! Voilà pourquoi l'avenir des
passions de la France n'est pas à redouter ; l'empire d'Allemagne qui va naître est un ami nouveau que le Ciel donne
à la France républicaine. (*Applaudissements et mouvements
divers.*)

M. LE PRÉSIDENT. — Un honorable député de la Gironde a
parlé d'une proposition qu'il voulait faire. De plusieurs côtés
on m'a demandé de l'engager à la formuler.

LE VIGNERON, *député de la Gironde.* — Monsieur le président, je vais la rédiger.

(Les groupes se forment ; l'Assemblée est très-agitée ; les
conversations sont très-animées. Au bout d'une demi-heure
la séance est reprise.)

LE VIGNERON, *député de la Gironde.* — Citoyens, je vous ai
fait attendre un peu longtemps ; la cause en est que je dirige
mieux un pressoir qu'une plume. On m'a aidé et je suis sorti
de la besogne. Ceux d'entre vous qui ont lu ma proposition

savent que ce n'est, comme ils disent, qu'un *avant-projet.*
Cela pourra être mieux arrangé quand il s'agira de lire en
séance publique, mais les idées y sont, il ne s'agit plus que
de les parer. Voici donc ma proposition.

« Je propose que le bureau — président, vice-présidents,
secrétaires et questeurs, — qui sera élu par l'Assemblée
constituante, demande au commandant suprême des armées
allemandes à être reçu par Sa Majesté pour lui remettre une
déclaration, votée en séance publique, qui serait ainsi
conçue :

« La France prend pour devise de sa politique intérieure
» et internationale : paix et indépendance.

» Voulant la paix pour elle et l'indépendance chez elle,
» la France respecte la paix et l'indépendance de toutes les
» nations protégées par un respect réciproque.

» Au milieu d'une guerre entreprise dans un intérêt
» dynastique par le gouvernement tombé, la France, que
» l'on a fait sortir de la paix en l'abusant sur les devoirs de
» son honneur, condamne cette guerre et en flétrit les pre-
» miers auteurs.

» Satisfaite de ses frontières actuelles, elle déclare
» qu'elle imposera au gouvernement qu'elle choisira l'obli-
» gation perpétuelle de les protéger contre toute attaque
» sans jamais les étendre. Ce n'est pas ainsi qu'elle veut
» grandir.

» Elle répudie toute politique d'agression et d'interven-
» tion et proclame qu'elle entend respecter chez les nations
» leur pleine liberté intérieure aussi longtemps qu'il ne sera
» point porté d'atteinte à la sienne.

» Elle croit fermement que sa volonté à cet égard est
» d'accord avec celle des puissances.

» Sa sincérité reconnaît sans peine que l'attaque à la-
» quelle un gouvernement qu'elle condamne l'a entraînée a

» dû mettre contre elle l'Allemagne en défiance. Elle offre
» au repos du monde une garantie éclatante de ses inten-
» tions et de la persévérance avec laquelle elles seront
» maintenues et réalisées. Pour attester sa haine de l'esprit
» de conquête et de guerre, pour donner un grand exemple
» au monde, elle renonce à conserver ou à relever les for-
» teresses de l'Alsace et de la Lorraine. Elle ne les consi-
» dérait point comme une menace, mais comme un moyen
» de défense ; — cependant, en témoignage de sa confiance
» dans le génie pacifique de l'Allemagne et pour attester le
» sien, elle y renonce.

» Mais, ce témoignage donné de sa volonté pacifique,
» elle proteste qu'elle devrait considérer toute prétention
» de garantie complémentaire réclamée d'elle comme une
» défiance blessante, à moins qu'il ne s'agisse d'une dimi-
» nution des forces armées de la France et de l'Allemagne
» opérée, de part et d'autre, dans une proportion équitable-
» ment convenue.

» Elle souhaite que la fixation des contingents armés de
» chaque État puisse devenir l'objet d'une convention inter-
» nationale et universelle.

» Elle engage solennellement sa parole de paix et de
» réconciliation, si la paix est conclue dans des conditions
» qu'elle puisse honorablement accepter.

» La France se résigne à ses défaites ; mais elle voudrait
» ne léguer à ses fils que l'enseignement des malheurs
» qu'un gouvernement fatal a fait peser sur le pays. Elle
» voudrait ne pas laisser à la prochaine génération l'âpre
» désir de venger une injure qui ne saurait être oubliée,
» parce que la plaie toujours béante de la blessure reçue
» marquerait sans cesse devant le monde et pour elle-même
» l'épreuve subie.

» Elle considère que l'annexion d'une partie de son terri-

» toire à l'Allemagne ne serait pas une garantie de paix.

» La nation proclame donc, encore une fois, sa volonté
» pacifique. Elle souhaite ardemment qu'il ne reste rien
» dans les rancunes publiques d'un temps de défiance et de
» guerre. Elle garantit l'engagement qu'elle prend pour
» l'avenir — par sa parole et par la résolution de laisser
» cordialement et franchement ouverte la frontière de l'Est
» devant une nation puissamment organisée, qu'elle félicite
» de son unité, devant une nation qui, la paix conclue, les
» fatales méprises disparues, ne sera plus la rivale de la
» France que dans les luttes fécondes du progrès et de la
» civilisation.

» Par l'organe de l'Assemblée constituante qui est sa
» représentation immédiate et légale, la France invite l'Al-
» lemagne à lui faire connaître quelles sont les conditions
» qu'elle croit indispensables à la conclusion d'une paix
» durable et sûre.

» Elle espère que ces conditions ne seront point de
» nature à ce que la France doive les considérer comme
» excessives ; elle croit que l'Allemagne victorieuse ne
» voudra traiter qu'avec une nation maintenue dans sa
» dignité et à son rang de grande puissance et souhaite que,
» la paix faite, l'Allemagne, comme la France elle-même, ne
» garde dans la réconciliation de deux grands peuples que
» des sentiments de cordialité et d'entente perpétuelles et
» qu'à la guerre déclarée par la France et la Prusse succède
» cette paix entre la France et l'Allemagne, dans son
» ensemble et avec chacun des États qui la composent,
» désormais unis par un indissoluble lien. » (*Rumeurs et
mouvements divers.*)

Je ne sais si je me fais illusion, mais je me figure que
cette Déclaration, votée par l'Assemblée constituante, serait
tout autrement accueillie par les gouvernements allemands

que les protestations de M. Jules Favre, qui n'a pu donner que son appréciation personnelle des intentions de la France, qu'il a très-consciencieusement cru conformes aux siennes, — sans méconnaître toutefois qu'elle avait le droit de le désavouer — en tout ou en partie.

UNE VOIX. — Je le crois bien, on dirait la Déclaration écrite par un Prussien! (*Vive agitation.*)

LE VIGNERON, *député de la Gironde.* — Elle est d'un bon Français, cependant, citoyens.

UNE VOIX. — Publiez-la, et vous verrez demain si l'on ne vous accusera pas partout d'être vendu à la Prusse (*Cris : C'est vrai! non! — L'Assemblée est en proie à une émotion indicible.*)

LE VIGNERON, *député de la Gironde.* — Citoyens, tenez, je m'attendais à ceci. Il faut donc une preuve que ma proposition est faite dans l'intégrité de ma conscience et que je suis aussi bon Français qu'aucun de mes contradicteurs. Si cela était prouvé, j'aurais rendu en la faisant, c'est ma conviction profonde, le plus grand service à mon pays qu'un Français puisse lui rendre. Nous irions tous au canon, si le salut de la France dépendait de notre vie sacrifiée. Le canon se tait en ce moment, eh bien! je veux donner à mon pays la preuve que nul intérêt ignoble ne me guide; j'avais, par mon travail, de quoi donner à ma famille le pain et même l'aisance; ils n'ont que moi et Dieu. La preuve de ma sincérité loyale, je l'ai ici, vous y croirez; je lègue à la France ma veuve et mes orphelins. — (*Il tire de sa poche un couteau qu'il ouvre, se le plonge dans la poitrine avant que ses collègues, qui se sont précipités sur lui, aient pu arrêter son bras — et roule sur le plancher.*)

L'Assemblée est en proie à une agitation indescriptible. On emporte le député, qui ne donne plus signe de vie. — Un quart d'heure se passe, pendant lequel un va-et-vient continuel interrompt les conversations. Enfin le président agite sa sonnette.

M. LE PRÉSIDENT. — Citoyens, nous ne saurions songer à reprendre le cours de cette délibération après ce douloureux incident. Notre brave collègue n'est pas mort. Deux d'entre nous qui sont médecins lui donnent leurs soins; l'arme a glissé sur une côte et le coup a dévié. Tous les indices constatés permettent de croire que la blessure horrible que l'honorable député de la Gironde s'est faite dans le généreux élan de sa susceptibilité patriotique ne sera pas mortelle (1). Vous savez que la première séance publique de l'Assemblée constituante aura lieu demain et s'ouvrira à dix heures du matin. Soyons tous exacts. A demain, citoyens. *Vive la France !*

La réunion répète ce cri, auquel se mêlent des cris nombreux de : *Vive la république!* et la salle se vide peu à peu.

---

(1) Il se trouvera des lecteurs qui n'aimeront point dans cette étude sérieuse cet incident d'aspect mélodramatique et qui diront qu'il n'est pas vraisemblable. Ils voudront bien reconnaître cependant que le *vigneron* n'avait guère d'autre moyen de prouver, sans réplique, son honnêteté mise en doute que celui qu'il emploie. Il est permis, d'ailleurs, d'espérer que les constituants français auront le calme et la mutuelle estime qu'il faudra pour qu'un épisode du genre de celui-ci ne se produise ni dans la délibération préparatoire, ni dans la discussion publique.   (*Note de l'auteur.*)